AF453967

L'EMPEREUR DASSOUCY

COMÉDIE

Représentée pour la première fois, à Paris, sur le théâtre de Cluny, le 2 mars 1879.

L'EMPEREUR DASSOUCY

COMÉDIE

EN TROIS ACTES

PAR

LÉON HENNIQUE ET GEORGES GODDE

PARIS

G. CHARPENTIER, LIBRAIRE-ÉDITEUR

13, RUE DE GRENELLE SAINT-GERMAIN, 13

1880

A

AMÉDÉE LEGER

ses vieux amis.

LÉON HENNIQUE, GEORGES GODDE.

PERSONNAGES

DASSOUCY, empereur du burlesque............... MM. Boscher.
PIERROTIN, son page de musique................. Frény.
LE MARQUIS D'ARGILLY...................... Hodin.
UN HOTELIER................ ... ... Jégu.
UN HABITANT AVARE................ ... . Lagrave.
UNE BARBE BLANCHE....................... Courcelles
UN LAQUAIS
LA MARQUISE D'ARGILLY........ .... Mmes Emma Rodrigues.
FANCHETTE (sa filleule)................... I. D'Harc.
Bourgeois. valets. etc.

L'EMPEREUR DASSOUCY

ACTE PREMIER

Une petite place à Beaune, xviie siècle. — A gauche, un cabaret se laisse deviner sous une tonnelle délabrée ; à droite, s'élève une fontaine gothique. — Une écurie fait suite au cabaret. — Sous la tonnelle, des tables et des sièges.

SCÈNE PREMIÈRE

LE MARQUIS D'ARGILLY, FANCHETTE.

(Le marquis est en costume de chasse et serre de près Fanchette.)

LE MARQUIS.

Ma petite Fanchette !

FANCHETTE.

Oui, plus tard.

LE MARQUIS.

Je t'adore.

FANCHETTE.

Fi ! Monseigneur ; faut-il vous répéter encore

Que je veux un mari, quel qu'il soit?

LE MARQUIS.

Un mari ?....

Pourquoi faire ?

FANCHETTE.

Mon Dieu, j'ai besoin d'un abri.

Il est certaines fleurs qui n'embaument qu'à l'ombre.

LE MARQUIS.

Mais on en voit beaucoup redouter un ciel sombre.

FANCHETTE.

Et si, las de m'aimer, vous me quittiez un jour?

LE MARQUIS.

Y penses-tu ?

FANCHETTE.

Sans doute, avec effroi.

LE MARQUIS.

L'amour

Cueilli sur tes beaux yeux aurait sa récompense.

On est homme d'honneur.

FANCHETTE.

Las ! payez-moi d'avance :

Je désire un mari, jeune ou vieux.

LE MARQUIS.

Tu l'auras.

FANCHETTE.

Alors, sans plus de gêne, et sans plus d'embarras,

Tranquilles, nous vivrons auprès de ma maîtresse,

Votre femme.

LE MARQUIS.

Eh bien, soit ! ma mignonne tigresse.

FANCHETTE.

Jurez-le.

LE MARQUIS, étendant la main.

Sur l'amour dont je suis possédé.

VOIX DE DASSOUCY, au dehors.

Et ce picotin ?... Gueux ! mon âne est débridé.

FANCHETTE, au marquis.

Monseigneur, il est temps de rejoindre la chasse.

VOIX DE DASSOUCY, se rapprochant.

Et sur quoi voulez-vous qu'il couche sa carcasse ?...

Insectes de fumier !.... Légumes d'abreuvoir !

LE MARQUIS, à Fanchette.

A bientôt.

FANCHETTE.

On pourrait nous entendre. Au revoir.

(Fanchette entre dans l'auberge ; le marquis s'en va par la droite.)

SCÈNE II

DASSOUCY, PIERROTIN.

(Dassoucy est sur le seuil de l'écurie et crie à l'intérieur.)

DASSOUCY.

C'est un vieux serviteur, âme sans perfidie,

Ne méprisez donc pas mon roussin d'Arcadie.

Ayez pour lui les soins que vous auriez pour... moi.

(Venant au milieu de la scène.)

Ces gens ne savent pas qu'ils comptent sous leur toit

L'illustre Dassoucy, l'empereur du burlesque,

Ce poète français à l'esprit gigantesque

Qui charma Louis-treize, et la reine, et la cour,

Ce génie exilé de l'immortel séjour,

Pour avoir, dans l'ivresse auguste du délire,

Souffleté le divin Apollon de sa lyre.

Pierrotin, à ton tour.

PIERROTIN, convaincu.

Je dis que le soleil,

En brûlant mon gosier, m'a rendu tout pareil

A quelque grand tonneau retiré du service

Qui moisit dans un coin, attendant qu'on l'emplisse.

DASSOUCY.

Je connais un remède infaillible.

PIERROTIN.

Lequel?

DASSOUCY.

Descendons à la cave.

PIERROTIN.

Il est plus naturel

De dire que l'on monte, ici, sous cette treille,

Sans fatigue pour nous, une vieille bouteille.

DASSOUCY.

Assieds-toi.

PIERROTIN, tapant sur la table.

Têtebleu! viendra-t-on à la fin?

DASSOUCY, même jeu.

Ventrebleu!

PIERROTIN, même jeu.

Sacrebleu!

SCÈNE III

LES PRÉCÉDENTS, UNE SERVANTE.

LA SERVANTE.

Voilà! Seigneurs.

DASSOUCY ET PIERROTIN.

Du vin !

LA SERVANTE.

Qu'apporterai-je ensuite à Vos deux Seigneuries ?

PIERROTIN.

Du vin.

DASSOUCY.

Et du meilleur ! nos gorges aguerries
Sauront facilement le reconnaître au goût.

LA SERVANTE.

Je reviens à l'instant. (Elle sort.)

PIERROTIN, enthousiaste.

Allons, maître, debout !
Ce tendron aux yeux bleus, nourri dans sa province,
Ma parole d'honneur ! est un morceau de prince.

A part.

Lequel vaut mieux pour moi de la fille ou du vin ?...
La bouteille est charmante,.... et le minois divin.

(A Dassoucy.)

Regardez, s'il vous plaît.

(Il embrasse la servante qui revient et apporte du vin.)

A vous, ma toute belle !

LA SERVANTE, le souffletant.

Grand insolent !

PIERROTIN, furieux.

Bégueule !

DASSOUCY, éclatant de rire et levant son verre.

A la vertu rebelle !

(La servante sort.)

SCÈNE IV

DASSOUCY, PIERROTIN.

PIERROTIN.

Merci bien.

DASSOUCY.

Souviens-toi de ce rude argument,

Et, pour te consoler, buvons, heureux amant.

PIERROTIN, buvant.

Vive le vin ! Il vaut cent fois mieux que la femme ;

L'une vieillit le cœur, l'autre rajeunit l'âme.

Le sort en est jeté !

DASSOUCY, les yeux fixés sur la fenêtre de l'auberge.

Regarde, Pierrotin.

PIERROTIN, stupéfait.

Ah !

DASSOUCY.

Fanchette !

PIERROTIN.

C'est elle, ou j'y perds mon latin...
Toujours belle !

DASSOUCY, à part.

Mon cœur soulève ma poitrine.

PIERROTIN, à part.

Elle me plut jadis, au diable ma doctrine !

DASSOUCY.

Relève galamment le bord de ton manteau...

Arrange ta dentelle,... ôte-moi ce chapeau.

Maintenant, bouche en cœur et la mine charmante,

Va dire à cette enfant que je la complimente

Et que je lui demande un moment d'entretien.

PIERROTIN.

(Transformé par les recommandations de Dassoucy.)

Grâce au ciel on a pris des leçons de maintien.

(Criant.)

Holà ! quelqu'un.

SCÈNE V

LES PRÉCÉDENTS, FANCHETTE.

DASSOUCY.

Fanchette ! En vérité, je rêve.

Dans mon âme éblouie un gai soleil se lève.

PIERROTIN, à Fanchette.

Puis-je vous demander quel hasard merveilleux

Fait que vous nous tenez palpitants sous vos yeux ?

FANCHETTE.

Le marquis d'Argilly séjournant en Bourgogne,

J'ai suivi la marquise.

PIERROTIN, malicieusement.

Avouez sans vergogne

Que le château n'est pas au fond du cabaret.

FANCHETTE.

Si vous croyez avoir découvert un secret

Grave, vous vous trompez. Je suis près de mon père,

Un digne hôte chez qui vous vous plairez, j'espère.

Çà, Messieurs les ingrats, ici que faites-vous ?

PIERROTIN.

Pardieu ! nous voyageons toujours, comme les loups.

2.

DASSOUCY.

Et nous jetons gaîment nos chansons aux nuages,
Comme les oiseaux.

FANCHETTE.

Moi, j'adore les voyages.

PIERROTIN.

Faites-en avec nous.

FANCHETTE, souriant.

Merci.

DASSOUCY.

Vous avez tort.

PIERROTIN.

C'est vous qui garderez la clef du coffre-fort.

FANCHETTE.

Adieu.

PIERROTIN.

Vous nous quittez déjà ?

FANCHETTE.

Sans aucun doute,

Et malgré le plaisir qu'auprès de vous je goûte.
On m'attend.

DASSOUCY. pensif.

Au revoir. Quand nous reverrons-nous ?

FANCHETTE, *se moquant.*

Quand le destin cruel se montrera plus doux,

Dans un monde meilleur.

PIERROTIN, *avec un gros soupir.*

Ah! frivole Fanchette !

FANCHETTE.

Vous pourrez soupirer à votre aise, en cachette.

Adieu. (*Elle leur tourne le dos, puis revient.*)

Si quelquefois vous aviez un moment,

Demandez le château d'Argilly, poliment ;

On vous l'indiquera. (*Elle rentre dans l'auberge.*)

SCÈNE VI

DASSOUCY, PIERROTIN.

DASSOUCY.

Regagnons notre place,

Et buvons.

PIERROTIN.

Oui, buvons, car le vin nous délasse,

Et nous devons songer à partir au plus tôt.

DASSOUCY.

Qui le croirait ! Fanchette est fille d'un rustaud.

PIERROTIN.

Mon grand-père était bien sonneur à Saint-Eustache,
Et mon père n'était qu'une brave ganache.

DASSOUCY.

Bois donc.

PIERROTIN.

J'ai des raisons pour vous croire amoureux.

DASSOUCY.

Bavard.

PIERROTIN.

Ah ! j'envierais le mortel bien heureux
Qui...

DASSOUCY.

Tu viens d'enfermer ton amour en bouteille.

PIERROTIN, buvant.

L'amour capricieux que l'on chasse la veille
Ne dit jamais adieu.

DASSOUCY.

Philosophe !

PIERROTIN, dégustant son vin.

Il est bon.

DASSOUCY.

Si nous l'assaisonnions d'un pâté de jambon ?

PIERROTIN.

Hélas! je le voudrais, mais...

DASSOUCY.

Quoi?

PIERROTIN.

La bourse est vide.

(Il se lève.)

Quand on n'a pas d'écus, que la bouche est avide,

On traite avec dédain ce soin matériel,

Et l'on berce la faim en contemplant le ciel.

DASSOUCY.

Philosophe.

PIERROTIN.

Pardieu! philosophe vous-même.

DASSOUCY, railleur.

Mon ami Pierrotin, voilà comme je t'aime.

(Il se lève aussi.)

PIERROTIN.

Faites-moi le plaisir de me faire dîner

Sans argent.

DASSOUCY.

C'est, ma foi, facile à combiner.

PIERROTIN.

Combinons.

DASSOUCY.

Il nous faut...

PIERROTIN.

Une énorme poularde.

DASSOUCY.

Non ; mieux vaut un gigot relevé de moutarde.

PIERROTIN.

Deux perdreaux grassouillets.

DASSOUCY.

Ton goût est trop mondain ;
Mon estomac préfère une aune de boudin.

PIERROTIN.

Accordez-moi du moins un fromage de crème.

DASSOUCY.

Je t'accorde des choux, ma faiblesse est extrême.

PIERROTIN, effrayé.

Et nous allons manger tout cela sans argent ?

DASSOUCY.

Ami, je te croyais un page intelligent,
Tu n'es qu'un sot, il faut céder à l'évidence,

PIERROTIN.

Mais enfin, qui paira pour nous?

DASSOUCY, majestueux.

La Providence.

PIERROTIN.

Pardon, je l'oubliais.

DASSOUCY, appelant.

Holà ! qu'on vienne ici.

SCÈNE VII

LES PRÉCÉDENTS. — L'HOTELIER.

L'HOTELIER.

Que voulez-vous ?

DASSOUCY.

Approche, écoute bien ceci :

Nous voulons sur-le-champ goûter à ta cuisine,

Dont l'odeur nous séduit par la porte voisine.

Il nous faut des plats chauds, soignés…

PIERROTIN.

Veille pour nous.

DASSOUCY.

Apporte du gigot, du boudin et des choux.

PIERROTIN, à l'hôtelier.

Sois leste à nous servir, le grand air et la marche
M'ont fait un appétit digne d'un patriarche.

(Jusqu'à la fin de la scène, l'hôtelier entre et sort tour à tour.)

DASSOUCY.

Je me sens tout gaillard. Qui m'eût dit, ce matin,
Que nous allions si bien déjeuner, Pierrotin ?

PIERROTIN.

Je suis d'avis que Beaune est une *bonne* ville.

DASSOUCY.

C'est fort bien dit.

PIERROTIN.

Pour peu, j'y prendrais domicile.

L'HOTELIER.

Votre couvert est mis.

PIERROTIN.

Mais le vin n'est pas là,

Très cher.

L'HOTELIER.

On vous l'apporte.

DASSOUCY.

A table !

PIERROTIN.

M'y voilà.

(L'hôtelier sort.)

SCÈNE VIII

DASSOUCY, PIERROTIN.

PIERROTIN, tendant un plat à Dassoucy.

Voici le gigot froid, aiguisez votre lame.

DASSOUCY.

D'abord, buvons un coup. Et de hait !

PIERROTIN, tendant son verre.

J'en réclame.

DASSOUCY.

Je prédis à ce vin un brillant avenir.

PIERROTIN.

Pour mieux l'apprécier, je vais y revenir.

DASSOUCY, aiguisant le couteau.

Je trouve la nature une fort bonne femme,

Et me sens très heureux qu'elle ait, en sa grande âme,

Fait le bœuf plus puissant que l'infime perdrix

Dont le moindre aileron se vend à si haut prix,

Qu'elle ait fait le mouton plus gros que l'alouette,

Et le maître moins sot que le valet qu'il fouette.

PIERROTIN.

On ne discute pas des goûts et des couleurs.

Buvons, pour apaiser la soif et ses douleurs.

(Levant son verre.)

Je bois à ma santé.

DASSOUCY, trinquant.

Moi, je bois à la mienne.

PIERROTIN.

Sans être grand buveur, je suis dans la moyenne.

DASSOUCY.

Dans la bonne moyenne.

PIERROTIN.

Oh! mon Dieu, j'en convien.

DASSOUCY.

Quel homme n'envierait un sort comme le tien!

Page fêté, tu suis la gloire et la fortune

Du poète galant que la muse importune,

Du poète qui marche avec le grand Scarron.

PIERROTIN.

Et Corneille?

DASSOUCY.

Un poète à mettre au biberon.

PIERROTIN.

Molière?

DASSOUCY.

Un véritable ami.

PIERROTIN.

Rotrou?

DASSOUCY, en colère.

Quel cuistre!

Faut-il beaucoup d'esprit pour prendre un ton sinistre,

Et pour assassiner de déclamations?

PIERROTIN, déjà gris.

Il en faut.

DASSOUCY, exaspéré.

Mêlez-vous de vos libations,

Triple sot! maître ivrogne!... Il soutient l'héroïque!

L'héroïque?... En voilà! tiens, admire, bourrique.

Déclamant d'un ton emphatique :

« Non, tu ne m'aimes plus, quand moi, je t'aime encor,

« Ingrat. Ton cœur de fer repousse mon cœur d'or.

« Est-ce ma faute à moi si je ne suis plus belle?

« Si mon corps doit périr, mon âme est immortelle ;

« Ne t'étonne donc pas, si tu la vois en deuil,

« Te reprocher ton crime au delà du cercueil. »

   Et c'est improvisé ! Prône-moi donc Corneille.

PIERROTIN, avec enthousiasme.

Si nous redemandions encore une bouteille ?

DASSOUCY.

Le burlesque est le but suprême de l'esprit.

L'héroïque grimace et le burlesque rit.

Le burlesque, c'est l'art, c'est la pierre farouche

Qui brise d'un seul coup le talent qui la touche ;

C'est la barrière immense et terrible à fléchir

Que deux poètes seuls ont jamais pu franchir.

Ces deux cerveaux géants, faut-il qu'on te les nomme ?

Scarron est le premier, tu vois l'autre grand homme.

PIERROTIN, lui présentant un verre.

Vous devez avoir soif, buvez, maître.

DASSOUCY.

                   C'est bien.

La colère, au surplus, ne valut jamais rien ;

Je te pardonne.

PIERROTIN.

   Alors, élevez votre verre,

Et ne me montrez plus un front aussi sévère.
Trinquons à l'amitié.

DASSOUCY, se grisant de plus en plus.

Trinquons.

PIERROTIN, gris.

Embrassons-nous.

DASSOUCY, l'embrassant.

Je fus un peu trop prompt à me mettre en courroux.

PIERROTIN.

Vous ne m'en voulez plus?

DASSOUCY.

Remettons-nous à table.

PIERROTIN.

Maître, souvenez-vous du souper délectable
Que nous offrit un soir le marquis d'Argilly.

DASSOUCY.

C'est moi qui t'y menai, tu fus bien accueilli,
Mais vraiment son repas ne valait pas le nôtre.

PIERROTIN.

Cela dépend.

DASSOUCY.

De quoi? Parle donc, bon apôtre.

PIERROTIN, tout à fait gris.

Je suis amoureux fou d'une fleur de beauté.

DASSOUCY, également gris.

Sa raison suit son corps et s'en va de côté.

PIERROTIN.

Ma fleur eut pour marraine une illustre marquise.

DASSOUCY, abasourdi.

Fanchette?

PIERROTIN.

Pourquoi pas?... Une soubrette exquise.

DASSOUCY, très sombre.

M'aimes-tu, Pierrotin, autant que ton amour?

PIERROTIN.

Plus, mais différemment.

DASSOUCY.

A partir de ce jour,

Choisis entre elle et moi. Ceci doit te suffire.

PIERROTIN.

Non pas.

DASSOUCY, très froid.

Mon cher ami, je n'ai plus rien à dire.

PIERROTIN.

Eh bien, je vous choisis.

DASSOUCY, le serrant sur son cœur, avec des larmes.

Honnête Pierrotin,

Mon véritable ami, fidèle à mon destin !

(Dassoucy et Pierrotin sont au suprême degré de l'ivresse.)

PIERROTIN.

Faisons rubis sur l'ongle et quittons cette auberge.

DASSOUCY.

Nous en aller?... Jamais. Ici l'on se goberge,

Et, le ventre au soleil, on digère à loisir ;

On boit d'excellent vin, on vit dans le plaisir...

Tu n'es jamais content.

PIERROTIN.

Détalons au plus vite.

DASSOUCY.

Je veux mourir ici.

PIERROTIN.

Pierrotin vous invite

A déguerpir. Bientôt, il nous faudrait payer,

Et les sergents pourraient venir nous effrayer.

DASSOUCY, outré.

Pierrotin, mon garçon, deviendrais-tu canaille ?

Comment ! sans rien payer, tu veux que je m'en aille?...

Soit,... mais tu resteras pour répondre de tout.

PIERROTIN, désolé.

Vous me laissez en gage?

DASSOUCY.

      Au plus tard, jusqu'en août.
Adieu.

PIERROTIN.

Ce n'est pas moi qui dois rester, c'est l'âne.

DASSOUCY.

Je l'emmène.

PIERROTIN.

Attendez..., il retient Dassoucy.

DASSOUCY.

      Cherche au fond de ton crâne,
Et découvre un moyen de solder notre écot.

PIERROTIN, radieux.

Montons tous deux sur l'âne et partons au galop.

DASSOUCY, illuminé.

Non pas .. Qui nous connaît dans ce pays?

PIERROTIN.

      Personne.

DASSOUCY.

Il faudrait un tambour.

PIERROTIN.

Voilà qui désarçonne

Le monde de projets grimpés sur mon cerveau.

DASSOUCY, se promenant à longs pas.

Un tambour !... si j'avais un tambour !

PIERROTIN.

De nouveau.

Je déclare humblement que je suis une bête.

DASSOUCY.

Nous allons, sans retard, marcher à la conquête

De notre toison d'or.

PIERROTIN, s'inclinant.

Toison d'or ?... serviteur.

DASSOUCY.

On ne me prendra pas pour un vil malfaiteur.

(Frappant sur la table et criant :)

Hôte, hôtesse, valets, et garçons d'écurie !

SCÈNE IX

LES MÊMES, L'HOTELIER.

DASSOUCY, à l'hôtelier.

Peux-tu nous procurer un tambour, je te prie ?

L'HOTELIER.

J'annonce les arrêts de monsieur le prévôt,

C'est vous dire, Seigneur, que j'ai ce qu'il vous faut.

(L'hôtelier sort.)

SCÈNE X.

DASSOUCY, PIERROTIN.

PIERROTIN, rêveur.

Un tambour !... Pourquoi faire ?

DASSOUCY.

O pauvre intelligence !

Rien ne peut t'éveiller, pas même l'indigence.

Nous allons appeler les badauds d'alentour,

Et tu verras, je vais leur jouer un bon tour.

SCÈNE XI

LES PRÉCÉDENTS, L'HOTELIER, avec un tambour.

L'HOTELIER, donnant le tambour.

Il est presque tout neuf, je vous le recommande.

PIERROTIN.

Sois tranquille, on fera justice à ta demande.

(L'hôtelier sort.)

SCÈNE XII

DASSOUCY, PIERROTIN.

DASSOUCY.

Aux armes! Pierrotin, montre-nous ton talent,
Disloque tes poignets et sois désopilant.

PIERROTIN.

Les badauds assemblés, quel animal féroce,
Quel objet merveilleux, quel nain ou quel colosse
Voulez-vous leur montrer?

DASSOUCY.

(Tout en se fabriquant un tréteau avec une des tables de l'auberge.)

     Qui sait!... mais j'ai la foi:
L'ange Inspiration plane au-dessus de moi.
Seconde mon génie, approuve mes paroles
Et coupe mes discours de quelques fariboles.
Même, je te permets un certain débraillé.

PIERROTIN.

J'entrevois, je m'incline et reste émerveillé.

DASSOUCY.

Un,... deux,... attention !... trois.

(Pierrotin frappe sur le tambour à tour de bras.)

Du courage!... Arrête.

(Une foule d'habitants, petit à petit, a entouré Pierrotin et Dassoucy.)

SCÈNE XIII

DASSOUCY, PIERROTIN, BOURGEOIS ET GENS DU PEUPLE.

DASSOUCY, grimpé sur son tréteau.

Il est des jours de deuil, il est des jours de fête,

Bourgeois de Beaune. Il faut que vous soyez joyeux,

Car je viens aujourd'hui, dirigé par les cieux,

Éblouir vos regards d'un éclatant prodige.

Mon front est éclairé des rayons du prestige,

Je suis Nostradamus,... le fils..., battez, tambour.

(Roulement de tambour.)

PIERROTIN, bas à Dassoucy.

Est-il temps de placer un malin calembour?

DASSOUCY, bas.

Pas encore. (Haut.) Vingt fois, j'ai parcouru la terre ;

J'ai caressé le tigre et dompté la panthère ;

J'ai vu des peuples verts, jaunes, rouges et bleus,

Et j'ai pour serviteur un homme fabuleux,

Fabuleux!... oui, bourgeois, c'était un homme rouge

Qui mangeait de l'or pur et vivait dans un bouge.

Je l'ai civilisé. Pour le mettre à son rang,

De rouge qu'il était, moi, je l'ai rendu blanc.

Vous pouvez approcher, on ne voit nulle trace

De la couleur donnée à son ancienne race.

PIERROTIN.

Messieurs, ne craignez rien, je suis inoffensif;

Mon maître m'a fait suivre un progrès successif,

Et je parle français, tout comme père et mère.

DASSOUCY.

Entendez-le parler, sa voix cache un mystère :

Son organe étranger n'a pas gardé d'accent.

(Très vite.)

Mais, pour que mon savoir soit plus étourdissant,

Je veux, devant vous tous, déployer sa puissance.

Bourgeois, si l'un de vous déplore sa naissance,

Parce qu'il est aveugle, impotent ou bossu,

Parce qu'il n'a pas femme ou qu'il n'est pas cossu,

Parce que son enfant lui mange sa fortune,

Ou qu'un amour lui rend l'existence importune,

Qu'il vienne sur-le-champ, et moi, Nostradamus,

4

A l'aide d'un onguent baptisé d'oremus,

Je lui ferai changer de forme et de visage.

C'est un secret que seul, je peux mettre en usage.

Or, vous serez contents, si, dans quelque bonnet,

Je trouve six écus, tous faits au moulinet.

C'est le prix de l'onguent, et vous pouvez m'en croire,

Je n'empocherai rien. Mon seul but est ma gloire.

(Nouveau roulement de tambour.)

PIERROTIN, d'un ton engageant.

J'ai déjà vu le tour, il vaut son pesant d'or.

Et, d'ailleurs, six écus ne font pas un trésor ;

Montrez-vous généreux et donnez à la ronde.

(Pierrotin circule, on lui donne de l'argent. Il s'arrête devant un habitant.)

L'HABITANT AVARE.

Je ne peux rien trouver, ma poche est si profonde...

PIERROTIN.

Voulez-vous qu'on vous aide ?

DASSOUCY.

Afin d'être moins lent,

Et de vous étonner plus tôt par mon talent,

Je conseille à chacun, pendant cette séance,

De mériter la chose en faisant pénitence.

PIERROTIN.

J'ai déjà quatre écus, il n'en faut plus que deux.

Ce placement, Messieurs, est des moins hasardeux ;

Pardieu ! je vous promets, quand nous aurons la somme,

Que vous remercîrez encor ce gentilhomme.

(Il désigne Dassoucy.)

UNE VIEILLE FEMME.

Un seul mot, je vous prie : on m'affirma jadis

Que cela nous faisait perdre le paradis.

PIERROTIN.

Quand vous ne serez plus, ma bonne vieille femme,

Faites-moi le plaisir de m'envoyer votre âme,

Vous me renseignerez, je ne suis jamais mort.

(On rit.)

DASSOUCY.

N'allez pas échouer en arrivant au port,

C'est plus qu'une surprise, et c'est presque un miracle.

PIERROTIN.

Voilà les six écus ! Commençons le spectacle.

(Roulement de tambour.)

DASSOUCY.

Chacun pourra choisir la peau de l'animal

Qui sera le plus apte à pallier son mal.

Oui, Messieurs, n'allez pas entrer en défiance,

Écoutez les conseils de mon expérience,

Et venez au plus vite entourer mon tréteau.

En est-il un bossu ? je le change en chameau.

Amoureux sans amour, viens prendre ta volée...

Quel est le plus cocu de toute l'assemblée ?...

Je le transforme en cerf.

PIERROTIN.

En superbe dix-cors.

DASSOUCY, bonhomme.

Approchez-vous de moi sans honte et sans remords.

VOIX DANS LA FOULE.

Oui, très bien, c'est cela.

LA BARBE BLANCHE, désignant Pierrotin.

Qu'on le transforme en singe !

PIERROTIN.

M'exposer aux regards, sans même avoir un linge ?

Et ma vertu ?

DASSOUCY.

Messieurs, ne vous l'ai-je pas dit ?

Après un changement, mon pouvoir s'engourdit,

Vous savez qu'autrefois mon valet fut sauvage...

Allons, décidez-vous ou nous plions bagage...

Personne ?... Le scrupule est, ma foi, curieux...

Soit !... Je vous laisse alors, mon temps est précieux.

L'HABITANT AVARE.

Tout beau ! Rendez l'argent ; ne partez pas si vite.

DASSOUCY.

Ai-je bien entendu? Quelqu'un, ici, m'invite

A lui restituer des écus bien acquis.

L'HABITANT AVARE, énergique.

Rendez l'argent.

PIERROTIN, bas.

Hélas ! tout va de mal en pis.

DASSOUCY.

J'ai promis de vous faire une métamorphose,

Et je promets encor si quelqu'un se propose.

En quoi suis-je coupable, et que me voulez-vous?

LA FOULE.

L'argent !... L'argent !

PIERROTIN.

Voyons, bourgeois, êtes-vous fous ?

Si vous n'avez rien vu, c'est à vous seuls la faute.

DASSOUCY, bas à Pierrotin.

Pierrotin, prends la bourse et va payer notre hôte.

(Pierrotin prend la bourse et veut sortir. La foule lui barre le passage.)

LA BARBE BLANCHE.

Où courez-vous, l'ami ?

L'HABITANT AVARE.

Ce sont des imposteurs.

LA BARBE BLANCHE.

Il faut barrer passage à ces escamoteurs.

(Pierrotin recule épouvanté.)

PIERROTIN, bas à Dassoucy.

Je ne peux m'éloigner, maître, gardez la somme,

Et montrez le pouvoir d'un esprit qu'on renomme.

L'HABITANT AVARE.

Quel est celui des deux qui possède l'argent ?

DASSOUCY, tremblant et montrant Pierrotin.

C'est lui.

PIERROTIN, même jeu.

C'est lui.

DASSOUCY.

Non pas.

PIERROTIN.

Qu'on amène un sergent.

L'HABITANT AVARE.

Si vous n'obéissez, nous emploirons la force.

LA BARBE BLANCHE.

Il espérait nous prendre à sa grossière amorce.

(La foule s'avance.)

DASSOUCY, fou de peur.

Si l'un de vous approche et fait trop l'arrogant,

Tant pis pour tous les siens, je le couvre d'onguent ;

De fluide, de sorts, de bave je l'inonde,

Et le change à vos yeux en une bête immonde.

(La foule recule un peu.)

LA BARBE BLANCHE.

En prison !

PIERROTIN.

Un seul mot..

LA VIEILLE FEMME.

En prison, le sorcier !

DASSOUCY.

Hélas !

L'HABITANT AVARE.

Magicien ! graine d'Urbain Grandier !

LA FOULE.

Au bûcher ! Au bûcher !

(Elle se porte en avant. Dassoucy et Pierrotin se réfugient derrière une
table.)

SCÈNE XIV

LES PRÉCÉDENTS, LE MARQUIS D'ARGILLY
ET SES GENS.

LE MARQUIS, toujours en costume de chasse.

Holà ! Paix ! Qu'on se taise !
Les damnés de l'enfer, hurlant dans leur fournaise,
Font, je crois, moins de bruit que vous en ce moment.
Et contre qui se porte un tel acharnement ?

DASSOUCY, sous la table.

Au secours !

PIERROTIN, sous la table,

Sauvez-nous !

DASSOUCY.

Nous implorons votre aide.
Je suis un bon vivant que le malheur obsède.

LE MARQUIS.

Corbach ! j'ai quelque part entendu cette voix.

(Dassoucy passe la tête au-dessus de la table.)

Mais c'est évidemment Dassoucy que je vois.

Ce pauvre Dassoucy, quelle piètre figure !

Que leur arrive-t-il ? Et par quelle aventure

Ai-je l'étonnement de les voir aujourd'hui ?

PIERROTIN.

Monseigneur, sauvez-moi.

DASSOUCY.

Prêtez-moi votre appui ;

Je leur dois six écus.

LE MARQUIS, à un de ses valets.

Vous, payez cette dette.

(A Dassoucy.)

Maintenant, vous pouvez quitter votre cachette.

DASSOUCY, rasséréné.

Je nargue tous les maux dont je fus assailli,

Puisqu'ils m'ont amené le marquis d'Argilly.

FANCHETTE, apparaissant à la fenêtre basse de l'auberge.

(Bas au marquis.)

Monseigneur, j'ai trouvé mon mari.

LE MARQUIS, avec joie.

Je devine.

Ma chère, ta pensée est accorte et divine.

FANCHETTE.

Je veux voir Dassoucy, ce soir, à mes genoux.

PIERROTIN, à la foule, d'un ton protecteur.

Nous avons à causer, bonnes gens, laissez-nous.

DASSOUCY, présentant Pierrotin au marquis.

Mon page Pierrotin, compagnon de ma peine.

LE MARQUIS.

Messieurs, à mon château tous deux je vous emmène.
Pour Dieu ! n'hésitez pas, car je hais les refus.

DASSOUCY.

C'est trop d'honneur pour nous, vous m'en voyez confus.
Pierrotin, mon ami, va charger le bagage.

LE MARQUIS.

Souffrez qu'un de mes gens de ce soin vous dégage.

(Il remonte la scène et parle à un de ses valets.)

DASSOUCY, à part.

Fanchette, mon amour, je saurai te charmer.

PIERROTIN, à part.

Ah ! Fanchette, ma mie, il va falloir m'aimer !
Pierrotin te fera jouer de la prunelle.

DASSOUCY, à Pierrotin.

Que marmottes-tu là, planté sous la tonnelle ?

PIERROTIN.

Au milieu du danger, maître, j'ai fait un vœu.

DASSOUCY.

Lequel?

PIERROTIN.

Je ne sais plus ; je vous dois cet aveu.

LE MARQUIS, revenant.

En route !

(L'âne de Dassoucy apparaît, entouré de serviteurs.)

DASSOUCY.

Nous allons vivre dans l'abondance.

(Se découvrant.)

Pierrotin, chapeau bas devant la Providence.

ACTE II

Un salon au château d'Argilly. Au fond, deux grandes fenêtres ouvertes sur un balcon. A droite, une cheminée armoriée. A gauche, pendu au mur, un luth, sous un tableau. Meubles divers.

———

SCÈNE PREMIÈRE

LA MARQUISE D'ARGILLY, FANCHETTE.

(La marquise est dans un grand fauteuil ; Fanchette, un livre à la main, est debout derrière elle.)

FANCHETTE, lisant.

A la fin du dîner, la dame s'approcha.

Le cardinal était assis comme un pacha ;

Un sourire béat inondait sa figure,

Il rêvait, et son œil était de bon augure.

L'éclatante beauté qui trônait devant lui

Comme un soleil de mai, l'éveilla sans ennui.

Il baisa galamment une main de comtesse...

LA MARQUISE.

Arrive au dénoûment avec plus de vitesse.

FANCHETTE, racontant, après avoir fermé son livre.

Bref, après maints discours, tous très intéressants,

La dame roucoula ces pudiques accents :

Votre Éminence sait que l'amour est volage,

Qu'on lui cède souvent, malgré son persiflage.

Ce souvent-là peut-il être un péché mortel?

Et le cardinal dit : Ne craignez rien de tel ;

S'il en était ainsi, vous seriez déjà morte.

LA MARQUISE, souriant.

Folle ! Comment peux-tu plaisanter de la sorte ?....

Le marquis revient-il ? quel chasseur endurci !

FANCHETTE.

Mais je ne l'ai pas vu ; vous étiez seule ici,

Mon père s'occupait à contenter ses hôtes,

Et je suis revenue.

LA MARQUISE, bâillant.

O Dieu ! pour quelles fautes

Me retient-on six mois loin de mon cher Paris ?

FANCHETTE.

Madame, vous avez la perle des maris,

Il faut lui pardonner son ardeur pour la chasse.

(Brusquement un joyeux hallali résonne dans la cour du château.
Fanchette court au balcon.)

Écoutez ! en vainqueur il rentre dans la place,

Étendards déployés, suivi d'un lourd butin

Et de captifs au front superbe, à l'œil hautain.

SCÈNE II

LES PRÉCÉDENTES, LE MARQUIS, DASSOUCY,
PIERROTIN.

DASSOUCY.

Il entre le premier, et, sans s'occuper de la marquise, se précipite vers
une des fenêtres. S'adressant à un palefrenier dans la cour.)

Hé, là-bas ! Bouchonnez mon roussin d'Arcadie.

(D'une voix aimable, à la marquise.)

Il a chaud, et pourrait faire une maladie.

Madame... (Il salue.)

LE MARQUIS.

J'ai sauvé ces pauvres pèlerins,

Marquise : on s'apprêtait à leur briser les reins,

Quand je vins m'opposer à la cérémonie.

Le hasard m'a permis d'être leur bon génie.

(Allant à Fanchette, tandis que la marquise entretient Dassoucy.)

Fanchette, ai-je tenu ma promesse à ton gré ?

Ce n'est pas seulement le mari désiré,

Mais bien deux épouseurs qu'aujourd'hui je t'amène.

Choisis, et désormais ne sois plus inhumaine.

LA MARQUISE, avec bonne humeur.

Voici la poésie et voici la gaîté !

Je reconnais en vous Paris que j'ai quitté,

Soyez les bienvenus. Oh ! l'aimable surprise !

DASSOUCY.

Je vois plus que jamais que Dieu me favorise,

Car, au lieu d'échouer à ce dernier écueil,

J'ai trouvé bons amis, bon gîte et bon accueil.

LE MARQUIS, présentant Pierrotin.

Un des plus grands chanteurs que vous puissiez entendre.

LA MARQUISE.

Je le connais déjà.

PIERROTIN, modestement.

Dès l'âge le plus tendre,

J'avais ravi la palme au rossignol des bois,

DASSOUCY.

Eh bien, prouve-le-nous.

PIERROTIN.

Non, maître, une autre fois.
J'ai soif.

DASSOUCY.

Chante.

PIERROTIN.

Un moment !

LA MARQUISE.

Le soleil, sur la route,
N'est pas doux compagnon.

DASSOUCY.

Vous désirez sans doute
Rafraîchir le gosier de ce cher Pierrotin ?
Merci, vous gâteriez son gosier argentin.

PIERROTIN.

J'ai bien soif.

DASSOUCY, furieux.

Sac à vin, chanteur de rue, ivrogne,
Que j'appliquerais bien un soufflet sur ta trogne !

PIERROTIN, philosophiquement.

On découvre une paille à l'œil de son voisin,

Quand souvent on en a soi-même un magasin.

DASSOUCY.

Chante.

PIERROTIN.

Je le veux bien, mais quoi ?

DASSOUCY.

Pardieu ! l'aubade

Que le cardinal-duc ne trouva point maussade...
Elle est de moi. Mon luth, page.

LA MARQUISE.

Prenez le mien.

(Fanchette le lui apporte.)

DASSOUCY, à Pierrotin.

Ouvre la porte aux sons que ta gorge contient.

(Prélude sur le luth).

PIERROTIN, chantant.

O bergère que j'implore,

Je voudrais, quand vient l'aurore,

Être l'oiseau qui pérore,

Et mêler à ton réveil

Mon refrain clair et vermeil.

La tristesse me dévore,

Quand une abeille sonore

Va, bourdonnante mandore,

Glaner l'ivresse, au réveil

De ton sourire vermeil.

Si j'étais le ciel qui dore

Les fleurs du jardin de Flore,

Pimpant, je ferais éclore,

Pour embellir ton réveil,

Les fleurs de ton sein vermeil.

Mais il est plus doux encore,

Pour un amant qui t'adore,

Lorsque la nuit s'évapore,

De dire un bonjour vermeil

A tes lèvres, au réveil.

(On applaudit.)

LE MARQUIS.

Bravo! gloire au chanteur!

LA MARQUISE.

Bravo! Gloire au poète!

Gloire au musicien, honneur à l'interprète!

FANCHETTE, riant aux éclats.

Bravo, bravi, brava, bravissimo!

SCÈNE III

LES MÊMES, UN VALET.

LE VALET, entrant.

Pardon.

LE MARQUIS.

Que nous veux-tu?

LE VALET.

Seigneur, agitant son brandon,

La discorde est entrée au château.... Je frissonne.

— Non content d'engouffrer sans écouter personne,

Madame; non content de mordre ses voisins;

Non content de traiter vos gens en argousins

Et de les écarter à grands coups de ruades;

Non content d'inventer les plus folles gambades,

L'âne de ce seigneur a pris la clef des champs.

DASSOUCY, sautant à la gorge du valet.

Tu me réponds de lui. (Tout le monde rit.)

LE VALET.

Mes soins les plus touchants

N'ont pas su refroidir son bouillant caractère.

(A la marquise.)

Il broute en ce moment votre plus beau parterre

DASSOUCY.

Son passé lui revient en mémoire... Je cours !...

Excusez, il n'a pas l'habitude des cours.

LA MARQUISE, riant.

Allons donc voir comment, du haut de son emphase

Poétique, Phœbus pourra dompter Pégase.

LE MARQUIS.

Oui, c'est cela, sortons.

LA MARQUISE, à Dassoucy.

Offrez-moi votre bras.

DASSOUCY, gentilhomme.

Me pardonnerez-vous un pareil embarras ?

(La marquise, Dassoucy, le marquis sortent.)

SCÈNE IV

FANCHETTE, PIERROTIN.

PIERROTIN.

Enfin, nous voilà seuls !

FANCHETTE.

Après ?

PIERROTIN.

J'ai soif.

FANCHETTE.
>   Ensuite?

PIERROTIN, avec enthousiasme.

O bienheureux moment ! je suis à ta poursuite
Depuis six mois, pour toi je me suis prodigué.

FANCHETTE.

Depuis six mois ?... Alors vous êtes fatigué.
Asseyez-vous.

PIERROTIN.

>   Jamais. Vienne plutôt la foudre
Me frapper à vos pieds et me réduire en poudre.

FANCHETTE.

Auriez-vous donc juré de ne plus vous asseoir ?

PIERROTIN, à ses genoux.

Pourriez-vous m'accorder un rendez-vous ce soir ?

FANCHETTE, faisant mine de s'en aller.

Adieu.

PIERROTIN, changeant de ton.

>   Que faisiez-vous dans la journée, à Beaune ?

FANCHETTE.

Pour sûr, je n'allais pas y demander l'aumône.

PIERROTIN.

Vous me désespérez.

FANCHETTE.

Vous me fendez le cœur.

PIERROTIN, se relevant.

Peste! vous le prenez sur un ton bien moqueur.

FANCHETTE.

Courage!.... vous allez me séduire.

PIERROTIN.

Méchante !

Faudra-t-il étouffer un amour qui m'enchante ?

A Paris, vous étiez moins cruelle autrefois.

FANCHETTE.

C'est qu'alors vous étiez plus sobre et moins grivois.

PIERROTIN.

Il paraît que l'on croit vite à la calomnie ?

FANCHETTE.

Vous aimez beaucoup trop la boisson.

PIERROTIN.

Je le nie.

FANCHETTE.

Hein ?... Monsieur Dassoucy serait-il un menteur ?

PIERROTIN.

Oui, certe ! Il est jaloux de votre serviteur.

FANCHETTE.

Jaloux de quoi? mon Dieu...

PIERROTIN.

                    De ma beauté physique,

De mon rare talent pour chanter la musique,

De ce je ne sais quoi qu'il n'a pas et... que j'ai,

D'un amour qui le prit et que je partageai,

Car il vous aime aussi.

FANCHETTE.

Lui ?

PIERROTIN.

                    La chose est certaine ;

Mais je ne le crains pas, il passe la trentaine.

FANCHETTE.

Je ris en contemplant votre fatuité.

PIERROTIN.

Dites mon noble orgueil, mon ingénuité.

FANCHETTE, coquettement.

Après tout, Dassoucy vaut autant que son page :

Il est bien plus modeste et fait moins de tapage.

PIERROTIN.

Si vous me repoussez, je vais chercher la mort.

FANCHETTE.

Allez, mon pauvre ami, mais vous aurez grand tort.

PIERROTIN, tragique.

J'ai vu tout près d'ici, sur le bord d'une route,

Sous des saules pleureurs qui forment une voûte,

Dans une solitude, un petit lac bourbeux.

FANCHETTE.

Là vont se rafraîchir nos brebis et nos bœufs.

PIERROTIN, continuant.

Au milieu des roseaux, un peuple entier coasse,

Balancé sur les fleurs qui couvrent la surface.

L'oiseau chante et le vent murmure ses accords,...

Allez-y demain soir, vous trouverez mon corps.

FANCHETTE, éclatant de rire.

Les canards du hameau vous tiendront compagnie.

PIERROTIN.

Ah ! C'est mal de railler un homme à l'agonie.

FANCHETTE.

Non pas, je n'aimerai jamais qu'un fiancé.

PIERROTIN, lui tendant la main.

Touchez là. Dans huit jours, l'Église a prononcé.

(A part.) Et voilà comme on dupe un cœur de jeune fille !

FANCHETTE, à part.

Pas si vite !... On verra.

PIERROTIN.

Dites oui, car je grille.

FANCHETTE.

Monsieur, je vous permets de me faire la cour.

PIERROTIN, à part.

O ma mère Vénus, c'est moi qui suis l'Amour !

(Haut.) Un baiser ?

FANCHETTE.

Pas encore.

PIERROTIN.

On le prendra, friponne.

(Il la poursuit.)

FANCHETTE.

Et moi, je vais crier si l'on me lantiponne.

SCÈNE V

LES PRÉCÉDENTS, LA MARQUISE, DASSOUCY.

LA MARQUISE.

Fanchette !

DASSOUCY.

Pierrotin!

FANCHETTE.

Vous venez à propos.

DASSOUCY, à Pierrotin.

Prends bien garde! il me cuit de te frotter le dos.

PIERROTIN.

Je n'avais dans l'esprit rien que de très honnête,

Je demandais...

DASSOUCY.

Assez.

LA MARQUISE, à Dassoucy.

Je vois que la tempête

Ne veut point se calmer au fond de votre cœur.

DASSOUCY.

Qui pourrait supporter ce flacon de liqueur?

LA MARQUISE.

J'ai, pour vous apaiser, un moyen très facile ·

Que Fanchette le mène à votre domicile.

DASSOUCY, à part, avec rage.

Comment les séparer?

PIERROTIN, à part, avec joie.

O bienheureux hasard!

Fanchette est le soleil et je me fais lézard.

DASSOUCY, à la marquise.

A quoi bon déranger Fanchette, je vous prie?

FANCHETTE.

C'est un plaisir pour moi.

LA MARQUISE, à Dassoucy.

Fi ! quelle barbarie !
Le laisser seul.

PIERROTIN, bas à Fanchette.

Voyez combien il est jaloux.

DASSOUCY, exaspéré.

Ce damné Pierrotin ! je le rouerai de coups.

LA MARQUISE, à Fanchette et à Pierrotin.

Allez.

SCÈNE VI

LA MARQUISE, DASSOUCY.

LA MARQUISE.

Çà, venez vite ici que l'on vous gronde.

DASSOUCY.

C'est le plus grand faquin de la machine ronde.

LA MARQUISE.

Et si je demandais moi-même son pardon ?

DASSOUCY.

J'aimerais cent fois mieux, penché sur un bourdon,

Sans argent, et pieds nus comme un pauvre bonhomme,

Aller en pèlerin me confesser à Rome,

Que de vous refuser un si faible plaisir.

LA MARQUISE.

Nul ne sait mieux que vous accomplir un désir,

Dassoucy. — Mais où donc le marquis peut-il être?

DASSOUCY, se précipitant.

Je le verrai sans doute en ouvrant la fenêtre...

Non,... non, je n'aperçois que monsieur Pierrotin.

LA MARQUISE.

Et Fanchette.

DASSOUCY.

Je vois briller son œil mutin.

(A part.) Comment pourrai-je bien rompre leur tête-à-tête?

LA MARQUISE.

Le marquis n'est pas là?

DASSOUCY, faisant mine de sortir.

Je vais me mettre en quête...

LA MARQUISE.

Non pas.

DASSOUCY.

Je suis tout prêt à vous le ramener.

LA MARQUISE.

Nous le retrouverons au moment du dîner.

Asseyez-vous.

DASSOUCY, à part.

J'enrage.

LA MARQUISE.

Au moins, notre domaine

Vous possédera-t-il pendant une semaine?

DASSOUCY.

A compter d'aujourd'hui, je suis votre féal,

Madame, et vous complaire est bon but idéal.

LA MARQUISE.

C'est parler en poëte.

DASSOUCY, comme illuminé.

Ah!... Je suis... dans l'espace

Une idée, en voyant un nuage qui passe.

LA MARQUISE.

Vous avez du papier, des plumes,... écrivez.

DASSOUCY, à part, se préparant à écrire.

Je voudrais me briser le front sur les pavés...

Comment sortir?... Mordieu ! de colère je râle.

LA MARQUISE.

Mon pauvre Dassoucy, comme vous êtes pâle !

DASSOUCY.

Je ne suis pas très bien... Un étourdissement..

LA MARQUISE.

Je vais appeler.

DASSOUCY.

Non... Attendez un moment...

Le grand air chassera de suite mon malaise.

(Il se lève.)

Pardon de m'éloigner, mais la chaleur me pèse.

LA MARQUISE, se levant aussi.

Je ne vous quitte pas, cher monsieur Dassoucy,

Car je dois prendre soin de mon hôte.

DASSOUCY, se rasseyant.

Merci...

Je me sens déjà mieux. (A part.) Ah ! j'en deviendrai bête...

La fortune m'en veut, soit ! mais moi, je m'entête.

LA MARQUISE.

Venez-vous ?

DASSOUCY, avec un sourire contraint.

Me voici complètement remis ;

Le ciel m'a conservé pour mes nombreux amis.

LA MARQUISE.

Alors causons. Elle s'asseoit près de lui.

DASSOUCY.

Vraiment, j'en veux à mon étoile

Qui s'éteint au moment où se gonfle ma voile.

Je suis bien malheureux.

LA MARQUISE.

Vous ?

DASSOUCY.

Oui, je parais gai,

Mais la flèche du sort m'a pris pour papegai.

LA MARQUISE.

Je suis femme, et de plus, votre douleur me peine.

DASSOUCY.

Alors écoutez-moi, vous, dont l'âme est sereine :

La vie aventureuse est lourde à supporter

Quand on n'aperçoit rien pour se réconforter,

Quand, après un voyage accablant de fatigue,

Il faut encor lutter contre l'or et la brigue,

Quand on marche toujours, de péril en péril,

Sans jamais ressentir la caresse d'avril,

Ni goûter la chaleur d'un bon feu, quand il neige.

Mes chagrins ne sont pas de ceux que l'on allège.

LA MARQUISE, joyeusement.

Quels chagrins, Dassoucy ? Je ne vous comprends pas...

Vos livres ont chanté la joie et les repas,

La gaîté semble aimer ce qui vous environne,

Et même votre muse est tant soit peu...

DASSOUCY.

Luronne ?

LA MARQUISE.

Convenez-en.

DASSOUCY.

C'est vrai. J'ai chanté la gaîté,

Le choc des verres pleins, le rire. J'ai chanté

Les repas succulents où l'on a carte blanche,

Le plat d'or où rayonne une pompeuse éclanche,

Les miroirs lumineux, les parfums chauds, l'amour.

Et tantôt courtisan, et tantôt troubadour,

Aux femmes j'ai porté des santés colossales

Auxquelles répondait l'écho des grandes salles.

Amoureux quelquefois, je fus aimé souvent ;

Les baisers de hasard appartiennent au vent,

Car, aujourd'hui, voici l'avenir que je rêve :

Je donnerais mon nom à quelque fille d'Ève,

Ni belle ni trop laide, afin que ma maison

Puisse être dirigée avec ordre et raison.

Mon caractère étant très gai, je la veux jeune ;

Puis la société me plaît, quand je déjeune.

Je désire lui voir un naturel actif,

Un bon cœur, un esprit fin au superlatif.

J'aurai beaucoup d'enfants, des garçons et des filles

Qui seront enviés par toutes les familles.

Calme, je les verrai croître dans mon sillon,

Ils sonneront chez moi leur joyeux carillon,

Et le bonheur viendra sourire à ma vieillesse.

LA MARQUISE, se levant.

Cela vous suffirait pour vous mettre en liesse ?

Mariez-vous donc vite... Et votre choix est fait ?

DASSOUCY.

Oui. (Vivement.) Celle que j'adore est pimpante à souhait,

Blanche comme un rayon qui dans un lac se mire.

Parle-t-elle ? sa voix a des rumeurs de lyre.

Fraîche à rendre jaloux les clairs lilas en fleurs,

Elle est une déesse aux regards persifleurs,

Aussi blonde qu'Hébé, l'échanson de l'Olympe.

Des trésors ignorés sommeillent sous sa guimpe.

LA MARQUISE.

Une perfection ?

DASSOUCY.

Comme on n'en peut trouver.

Sa gorge a des roseurs d'aurore à son lever.

LA MARQUISE.

La curiosité de plus en plus me presse.

Parlez … dépêchez-vous… Quelle est cette déesse ?

DASSOUCY, ému.

Je ne peux refuser de vous dire son nom :

(Après une hésitation.)

Fanchette. (Celle-ci apparaît.)

LA MARQUISE.

La voici.

DASSOUCY, bas.

Me la donnez-vous ?

LA MARQUISE, froidement, au moment de sortir.

Non.

(Il sort.)

SCÈNE VII

FANCHETTE, DASSOUCY.

FANCHETTE, très rieuse. |ensemble?

Fi! monsieur.... Vous et moi,..., seuls, à cette heure,

Dois-je fuir? (Un silence.) Tout au moins, répondez.

DASSOUCY, à part.

Oh! je tremble.

FANCHETTE.

Vous devriez quitter ce maintien pudibond,

Dassoucy ; vous avez le teint d'un moribond,

Et le laisser aller d'un homme qu'on enterre.

DASSOUCY.

Je n'ose vous parler et je crains de me taire.

FANCHETTE.

Si c'est là tout ce que vous dicte votre esprit,

Je vais chercher quelqu'un plus drôle et moins contrit.

Le seigneur Pierrotin s'ennuie en mon absence

Et me verra venir avec reconnaissance.....

J'en suis sûre.

DASSOUCY.

Il paraît que le gredin vous plaît.

FANCHETTE.

C'est un causeur aimable, et puis.... il n'est pas laid.

DASSOUCY.

Coquette enfant, cessez d'attiser une flamme

Qui me brûle, m'enlace et me dévore l'âme.

Je ne puis plus goûter un instant de repos,

Fanchette ; moi, jadis, si frais et si dispos,

Je maigris, je m'éteins, et, plus triste qu'une ombre,

Je vais sans m'arrêter, désolé, morne, sombre.

Savez-vous depuis quand je suis au désespoir ?...

Vous ne me croirez pas... C'est depuis certain soir

Où la brise chantait l'amour et l'espérance,

Où la nuit répandait sa pâle transparence

Sur les bosquets en fleurs de l'hôtel d'Argilly.

Souvenir de bonheur,.... oui,.... je t'ai recueilli...

J'aperçois la maison dont les hautes fenêtres

Supportent fièrement le blason des ancêtres,

Et projettent le bruit, la joie et la clarté.

Je marchais sous le calme et l'immobilité ;

La lune suspendue au-dessus des grands arbres

Argentait de reflets fantastiques les marbres,

Tandis que dans mon cœur, charmante illusion !

Votre image passait, comme une vision.

FANCHETTE.

Mais, Monsieur, vous tournez fort galamment les choses,

Et vous nous présentez Cupidon sur des roses.

DASSOUCY.

Galamment?.... Pierrotin vous parle galamment,

Parce que son amour est faux, parce qu'il ment.

Ne mêlez pas l'amour à la galanterie.

FANCHETTE, appuyant sur les syllabes.

C'est moi que vous aimez?

DASSOUCY.

Avec idolâtrie.

FANCHETTE.

Alors, bien entendu, vous voulez m'épouser?

DASSOUCY.

J'appelais mon espoir pour vous le proposer.

FANCHETTE.

Si je répondais non?

DASSOUCY, lamentablement.

Auriez-vous ce courage?

FANCHETTE.

Qui sait!

7

DASSOUCY.

Vous me feriez le plus cruel outrage.

FANCHETTE, avec une franchise simulée.

Je ne peux repousser un amour si loyal.
Voici ma main.

DASSOUCY, la lui embrassant.

Voici mon gage nuptial.

FANCHETTE, à part, ironiquement.

Il faut bien contenter madame la marquise.

DASSOUCY.

La gaîté me revient ; ma Fanchette est conquise.

FANCHETTE, rêveuse.

Je vais donc m'appeler madame Dassoucy.

DASSOUCY.

Je vois mon avenir se déployer d'ici :

(Chantant et dansant devant Fanchette.)

J'adore les enfants, j'en veux une douzaine,

Zigue, zon, zaine,

Nous en emplirons la maison,

Zigue, zon, zon.

SCÈNE VIII

LES PRÉCÉDENTS PIERROTIN.

(Il arrive en gambadant et se met à danser en même temps que son maître.)

PIERROTIN.

Comme on s'amuse ici! J'en suis.

DASSOUCY, *s'arrêtant.*

Bonne nouvelle

Beau Pierrotin, veux-tu que je te la révèle?

PIERROTIN.

Oui-dà.

DASSOUCY.

Dans quelques jours, je serai marié.

PIERROTIN.

Avec qui?

DASSOUCY.

Tu vas être un peu contrarié.

PIERROTIN, *gaiment quoique avec une certaine inquiétude.*

Au contraire, tant mieux! je serai de la noce

Et je pourrai rouler tout mon soul en carrosse.

DASSOUCY, prenant la main de Fanchette.

Madame Dassoucy.

PIERROTIN.

Vous vous moquez de moi.

DASSOUCY.

Puisque tu fais injure à notre bonne foi,

Superbe Pierrotin, voici la preuve, écoute :

(s'adressant à Fanchette)

Toute belle, essayons de dissiper son doute :

Est-il vrai que bientôt je serai votre époux ?

FANCHETTE, avec effronterie.

Mais oui.

PIERROTIN.

Je ne suis pas issu de cantaloux,

Cessez par conséquent toute plaisanterie.

DASSOUCY.

Sublime Pierrotin, roi de l'effronterie,

Je vous en donne ici ma parole d'honneur.

PIERROTIN, furieux.

Je vous crois, et vous fais mes souhaits de bonheur.

DASSOUCY, à Fanchette.

Comme il paraît fâché !... Quelle mouche le pique?

FANCHETTE.

En effet, regardez cet air misanthropique.

PIERROTIN.

Rassurez-vous, ce jour ne verra pas ma mort.

FANCHETTE, à Pierrotin.

Ne m'en veuillez pas trop.

PIERROTIN.

                    J'aurais le plus grand tort,

Madame, tous les goûts règnent dans la nature.

DASSOUCY.

Qu'est-ce à dire ?

PIERROTIN.

                    Je dis qu'une caricature

Peut déterrer parfois des chances de succès.

DASSOUCY.

La langue te démange, arrête ses accès.
Ou...

FANCHETTE.

    Pour l'amour de moi, calmez votre colère,

C'est un enfant jaloux que la rage exaspère.

DASSOUCY.

Jaloux ?... Mais Pierrotin vous aimait donc aussi ?

PIERROTIN.

Mon visage vaut bien celui de Dassoucy.

DASSOUCY.

(Il veut se jeter sur Pierrotin, Fanchette l'en empêche.)

Je t'ajourne à trois ans pour que ton nez bourgeonne.

Un indiscret carmin déjà le badigeonne,

Et tu ne prendras plus un ton de pourfendeur,

Quand le vin étendra sur ta peau sa laideur.

PIERROTIN.

(Il veut se jeter sur Dassoucy, Fanchette le retient.)

Qui vivra le verra, vous n'êtes pas prophète,

Et mon nez, tel qu'il est, n'a que des airs de fête.

FANCHETTE.

Messieurs, considérez ma situation.

Vous vous mettez ici dans la position

De deux coqs furieux au sujet d'une poule.

DASSOUCY.

J'ai tort. *(A Fanchette.)* Vos yeux ont fait des victimes en

  (A Pierrotin.)   [foule.

Que veux-tu ? Le destin m'a rendu ton rival,

Et je suis l'arlequin de notre carnaval.

Jette-toi dans les bras de la philosophie,

Son baiser maternel jamais ne mortifie.

Thalès, Platon, Socrate, Anaxagore...

PIERROTIN, outré.

Eh bien,

Aimez Thalès, Platon, Diogène le chien,

Faites-vous philosophe et laissez-moi tranquille.

DASSOUCY, montrant Fanchette.

Elle sera ta mère, et je t'offre un asile.

FANCHETTE, souriant.

Êtes-vous consolé ?

PIERROTIN, à part.

Peut-être.

DASSOUCY, attendri.

Pierrotin !

(Il va vers lui, la main tendue.)

SCÈNE IX

LES PRÉCÉDENTS, LE MARQUIS, LA MARQUISE.

LE MARQUIS.

Marquise, ils sont d'accord.

PIERROTIN, à part.

Rien n'est plus incertain.

DASSOUCY, *courant au-devant du marquis.*

Suis-je bien éveillé ? Dites-le-moi, de grâce ;

Aidez mon pauvre esprit à quitter cette impasse.

LA MARQUISE.

Dassoucy, brûlez-vous toujours des mêmes feux ?

Quel est le résultat ?

DASSOUCY.

Il est tout gracieux :

Mon mariage.

LE MARQUIS.

Alors, prônons l'amour sincère

Et disons de tout cœur : gloire au dieu de Cythère.

Je célèbre la noce, ici, dans mon château.

(On entend tinter une cloche.)

On sonne le dîner, nous causerons tantôt.

(Le marquis offre son bras à la marquise. Dassoucy à Fanchette.)

PIERROTIN, *resté seul en arrière.*

Fanchette et Dassoucy s'entendent à merveille...

Bah ! fuyons le chagrin, mon appétit s'éveille ;

Les plats sont bons, j'en ai surveillé les apprêts,

Allons manger d'abord et nous verrons après.

ACTE III

(Une terrasse appuyée derrière une des ailes du château. On
descend par des marches dans un parc. A droite, des arbres.
Dans le fond, une allée qui se perd. Au pied de la terrasse,
un banc. La lune éclaire faiblement la scène.

SCÈNE PREMIÈRE

DASSOUCY.

(Il entre avec précaution par la porte qui donne sur la terrasse.)

Fanchette !... ma Fanchette !... Où diable peut-elle être ?

(Il se penche sur la balustrade de la terrasse et regarde de tous côtés.)

Ma parole ! je suis timide comme un prêtre.

Quand elle est près de moi, je suffoque, j'ai peur,

Et je reste béant, inepte de stupeur....

Cependant, je sens bien que j'ai tout à lui dire...

Ah ! malgré ton esprit, tu fais un pauvre sire,

Dassoucy... Ma Fanchette ! Es-tu là ?... Réponds-moi.....

Rien... Où la rencontrer ?... Mon âme est en émoi.

Quel beau ciel !... Deux amants, ivres de leur tendresse,

Choisiraient ce chemin que la lune caresse.

Allons, viens !... je t'attends... Tu ne comprends donc

(Un bruit de voix s'approche. Avec joie.) [pas ?

Quelqu'un !... J'entends crier le sable...

(Avec frayeur.)

On parle bas...

Si c'étaient des voleurs ! (Il se cache.) Silence.

SCÈNE II

DASSOUCY (caché), FANCHETTE, PIERROTIN.

PIERROTIN, donnant le bras à Fanchette.

Malepeste !

J'en conviens, mais il est un point que je conteste :

Comment, vous répondez aux vœux de Dassoucy,

Sans même m'avertir par un coup d'œil ?

FANCHETTE.

Voici :

Je voulais avant tout me tenir dans mon rôle,

Pour plaire à Monseigneur.

PIERROTIN.

Aussi, je trouvais drôle
Qu'on prit une momie au lieu d'un beau garçon.

DASSOUCY, atterré.

Ah !

FANCHETTE.

Que faire ?

PIERROTIN.

Partons tous les deux.

DASSOUCY.

Polisson !

FANCHETTE.

Ne voulant pas blesser le marquis, je refuse.

PIERROTIN.

Alors, Fanchette, ayons recours à quelque ruse.

FANCHETTE.

Ruser !... Pourquoi ruser ?... J'épouse le barbon ;
Un mari comme il faut, mon Dieu, c'est toujours bon.

PIERROTIN.

Dans peu, vous soignerez sa toux, ses rhumatismes,
Et ce sera le plus touchant des fanatismes.

FANCHETTE.

Si l'on m'avait laissé les embarras du choix...

PIERROTIN.

Mais, ma chère, il sera goutteux avant six mois.

Le feu des passions le consume et le ronge,

Tout ce qu'il vous a dit n'était que pur mensonge.

Pour moi, je lui connais trois maîtresses.

DASSOUCY, prêt à éclater.

Menteur !

FANCHETTE.

Quel homme !

PIERROTIN.

Il contrefait Panurge, en amateur.

FANCHETTE.

S'il séduit, en ce cas, il n'est pas sans mérite.

PIERROTIN.

Il captive parfois la ribaude hypocrite,

Avec sa poésie.

FANCHETTE.

Il est assez connu.

PIERROTIN.

C'est une illusion dont je suis revenu.

Pour finir, voulez-vous son portrait véritable ?

Il est méchant, joueur, amoureux de la table,

Lâche comme un fripon pris la main dans le sac ;

Il est aussi hâbleur que le marquis de Crac.

Quant à son point d'honneur, je le crois assez louche,

Depuis certaine histoire où la sainte nitouche...

Mais ne disons jamais de mal sur le prochain.

DASSOUCY, caché.

Misérable serpent réchauffé dans mon sein.

FANCHETTE.

A tout prix, tirez-moi des griffes de cet homme.

PIERROTIN.

Plus tard.

FANCHETTE.

Vous m'aimez...

PIERROTIN, très fat.

C'est Pierrotin qu'on me nomme !

Nous verrons.

FANCHETTE.

Ah ! de grâce....

PIERROTIN.

Eh bien, voici mon plan :

Épousez Dassoucy par un sublime élan.

A propos, vous m'aimez, vous aussi ?

FANCHETTE.

Je vous aime.

PIERROTIN.

Alors, je continue : épousez-le quand même.

Il apporte son nom, moi, j'apporte l'amour ;

Comprenez-vous ?

FANCHETTE.

Pas bien.

DASSOUCY, avec amertume.

Chacun aurait son tour.

PIERROTIN, s'asseyant sur le banc, près de Fanchette.

Nous sommes deux gourmands qui voulons une pêche.

Le fruit est savoureux, mais un obstacle empêche

Que nous puissions tous deux le manger sur-le-champ.

Nous sommes entraînés par un même penchant,

Nous le couvons des yeux ; comment faudrait-il faire

Pour contenter chacun sans cesser de vous plaire ?

FANCHETTE.

Il faut tout bonnement vous partager le fruit.

PIERROTIN.

C'est, en effet, le plan que mon cœur a construit.

Qu'en pensez-vous ?

FANCHETTE, se levant, après un moment d'hésitation.

Je pense...

PIERROTIN.

Allons, dites : j'accepte.

Sans plus tarder, joignons l'action au précepte.

(Il l'embrasse.)

Ce pauvre Dassoucy, quel brave homme !

DASSOUCY.

(Surgissant et lui mettant la main sur l'épaule.)

Paillard !

FANCHETTE, elle se sauve en criant.

Il écoutait.

SCENE III

DASSOUCY, PIERROTIN.

DASSOUCY, le prenant au collet.

Voyons si je suis un vieillard.

PIERROTIN.

Maître, vous m'étranglez... Je ne suis pas coupable.

DASSOUCY.

Tu me trahissais.

PIERROTIN.

Non.

DASSOUCY, le lâchant.

Tu n'en es pas capable.

(Il lève la main sur lui.)

PIERROTIN.

Vous êtes en colère, attendons un instant...
Réfléchissez, plus tard vous seriez mécontent.
Avant d'agir, on doit tourner sept fois sa langue.

DASSOUCY.

Je sais que vous placez fort bien une harangue.
A genoux.

PIERROTIN.

Pourquoi faire ?

DASSOUCY.

A genoux, mécréant !

PIERROTIN.

Oui, devant la beauté, mais il est malséant
De plier les jarrets quand un homme l'ordonne.

DASSOUCY.

Fais taire, Pierrotin, ton orgueil qui bourdonne.
Tu vas mourir... Je vais te pendre haut et court.

PIERROTIN.

Vous seriez meurtrier, vous, par le temps qui court ?

DASSOUCY.

Es-tu prêt ?

PIERROTIN.

Attendez, je vais chercher la corde.

DASSOUCY.

Tu te moques de moi, lâche !

PIERROTIN.

Plus de discorde.

DASSOUCY.

Et je l'ai rencontré presque dans le ruisseau !

Mes soins l'ont fait grandir comme un jeune arbrisseau.

J'ai partagé mon pain, mes habits et ma bourse

Avec ce malheureux dont j'étais la ressource.

Sois maudit ! ton visage est de mauvais aloi,

Voleur !... Va jusqu'au bout, porte la main sur moi,

Libertin, parricide !....

SCÈNE IV

LES PRÉCÉDENTS, LE MARQUIS.

(Il se montre par une des fenêtres donnant sur la terrasse.)

LE MARQUIS.

Est-ce une hôtellerie

Que mon château, butors ?... Allez à l'écurie,

Vous pourrez y crier avec vos compagnons.

Ils auront vendangé dans mes vins bourguignons,

Les maroufles !

DASSOUCY.

Marquis....

LE MARQUIS.

Assez, car je vous chasse.

DASSOUCY.

Quand vous nous connaîtrez, adieu votre menace.

Je suis Dassoucy.

LE MARQUIS, riant.

Bah ! dans ce coin isolé

J'ai cru voir deux laquais, au courage endiablé,

Qui choisissaient mon parc pour vider leur dispute.

DASSOUCY.

Monseigneur, un destin cruel me persécute.

LE MARQUIS.

Mais, vous n'êtes pas seul... Qui donc est avec vous?

DASSOUCY.

Un ingrat que je livre à tout votre courroux :
Pierrotin.

LE MARQUIS.

Vous avez encore une querelle?
Bon! gageons que la cause est votre tourterelle.

DASSOUCY.

C'est vrai.

LE MARQUIS.

Je m'en doutais... Que s'est-il donc passé?

PIERROTIN.

Presque rien... L'amour-propre est souvent mal placé.
Fanchette m'avouait les secrets de son âme ;
Elle disait : — Heureux ceux qu'une même flamme
Fait brûler d'un désir ardemment partagé ! —
Au moyen d'un coup d'œil savant et ménagé,
D'une phrase à deux sens, d'un soupir, d'une plainte,
Et que sais-je !... au moyen d'une enivrante étreinte,

La sirène m'a fait tomber à ses genoux.

DASSOUCY.

A mon tour de parler maintenant ; jugez-nous.

LE MARQUIS.

Je siège au tribunal, Messieurs, et je préside.

DASSOUCY.

Rectifions les faits émis par ce perfide.

J'allais me marier dans quelques jours, j'aimais..,

Quelle sottise !.... Allez, c'est fini désormais !

Ah ! si quelqu'un m'eût dit ce qui devait m'attendre...

Pierrotin, jusqu'ici mon ami le plus tendre,

M'a trahi sans remords, et, lâche séducteur,

Il a volé Fanchette, à moi.... son bienfaiteur.

PIERROTIN.

Je suis le préféré, ce n'est pas de ma faute.

DASSOUCY, s'animant de plus en plus,

Il ose, devant moi, porter la tête haute,

Quand, il n'est qu'un instant, caché sur ce balcon,

Guettant ma proie ainsi que la guette un faucon,

J'assistais aux complots tramés par cet infâme,

A l'aide du mensonge, il répandait le blâme

Sur ma vie. — Il n'est plus digne de ma bonté,

Chassez-le, comme on chasse un voleur éhonté.

PIERROTIN.

Cependant...

LE MARQUIS, à Pierrotin.

Pour partir, je vous accorde une heure.

Dassoucy, votre amour veut une fin meilleure ;

Attendez-moi, je viens.

SCÈNE V

PIERROTIN, DASSOUCY.

DASSOUCY.

Bon voyage, mon cher.

Réfléchis, sois moins faible et commande à la chair,

Tu n'éprouveras plus un semblable mécompte.

PIERROTIN, très digne.

Le malheur peut frapper le sage, il le surmonte.

Néanmoins, voyager au milieu de la nuit,

Seul, sans avoir en vue un but que l'on poursuit,

C'est triste !

DASSOUCY, le bousculant.

Allons, va-t'en ! fais preuve de courage.

Si le marquis venait...

PIERROTIN.

J'éviterai l'orage.

DASSOUCY.

Déguerpis au plus vite et ne raisonne plus.

(Il le pousse hors de la scène.)

Que le diable t'emporte et te rende perclus !

SCÈNE VI

DASSOUCY, LE MARQUIS, FANCHETTE.

LE MARQUIS.

J'amène la coupable ; excuse-toi, Fanchette.

FANCHETTE, l'œil timide.

J'ose vous demander un pardon que j'achète

Au prix d'un repentir véritable et touchant.

DASSOUCY.

Je sais que votre cœur, au fond, n'est pas méchant,

Mais nous ne pourrions pas unir nos caractères.

Un mot vous dira tout : je suis de mœurs austères.

LE MARQUIS.

Je cherche ce beau feu dont vous brûliez tantôt,

Et ne le trouve plus.

DASSOUCY.

Je l'ai mis en dépôt,

Et ne veux plus parler de notre mariage.

LE MARQUIS, impatienté.

Moi, je veux en parler. Assez de verbiage.

(A Dassoucy.)

Voulez-vous de Fanchette, avec mon amitié ?

DASSOUCY.

Monseigneur, aujourd'hui vous êtes sans pitié.

FANCHETTE.

Monsieur, je reconnais combien je suis fautive ;

Aussi, m'étais-je mise en cette alternative,

Parce que Pierrotin...

DASSOUCY.

Chut ! n'allons pas plus loin,

Car il vous accusait avec le même soin,

Et, pour vous accorder, je vous crois l'un et l'autre.

LE MARQUIS.

Que me répondez-vous ?

DASSOUCY, s'inclinant.

Mon plaisir est le vôtre.

LE MARQUIS, *joyeusement.*

Alors, rien n'est perdu ?

FANCHETTE.

Non.

DASSOUCY.

Non, rien... (à part) fors l'honneur.

FANCHETTE, *désignant le parc.*

Une lumière, là.

DASSOUCY.

Sans doute un promeneur.

FANCHETTE.

Il approche.

LE MARQUIS.

Arrêtez. Qui va là ?

SCÈNE VII

LES PRÉCÉDENTS, PIERROTIN.

(Pierrotin entre en scène, son paquet au bout d'un bâton, sur l'épaule, et une lanterne à la main.)

PIERROTIN, *sombre.*

C'est un homme.

TOUS.

Pierrotin !

PIERROTIN.

Oui, c'est moi.

DASSOUCY.

Veux-tu que je t'assomme ?

PIERROTIN, de plus en plus sombre.

Inutile ! Je viens vous faire mes adieux,

Avant d'être à jamais éloigné de vos yeux.

DASSOUCY.

Au revoir. J'ai grand peur que votre nouveau maître

Ne vaille pas l'ancien.

PIERROTIN.

J'ai pu vous méconnaître,

Mais je sens, à présent, combien je fus ingrat,

Car je me suis conduit plus mal qu'un scélérat.

Je ne demande rien, je n'implore personne ;

J'ai semé de mes mains le grain que je moissonne,

Et je n'ai pas le droit d'invectiver le sort.

DASSOUCY.

Bien pensé !... J'applaudis à la voix du remords.

(Fanchette et le marquis causent bas.)

9

PIERROTIN.

Recevez le lugubre adieu d'un mauvais page ;

Ce jour trace en sa vie une funeste page.

Désormais, nous suivrons un chemin différent,

Mon cher maître prendra celui du conquérant,

Et moi, sans son reflet, je m'éteindrai dans l'ombre,

Perdu dans les taudis que le vulgaire encombre.

FANCHETTE.

On n'a pas froid, la nuit ; nous sommes au printemps,

Le ciel est du côté des hommes repentants,

Et vous pourrez dormir en paix dans la campagne.

PIERROTIN, la larme à l'œil.

Adieu, vous tous !... adieu !... le remords m'accompagne.

(Revenant à Dassoucy.)

Avant de m'éloigner, je veux votre pardon.

DASSOUCY, très attendri.

Eh bien, soit !... qu'il te serve !... Adieu ! je t'en fais don.

PIERROTIN, pleurant.

Adieu donc. (Il s'en va.)

DASSOUCY, le rappelant.

Pierrotin !... Ah ! viens que je t'embrasse !

Mon cœur n'est pas couvert d'une triple cuirasse,

Pauvre enfant.

PIERROTIN, dans ses bras.

Mon cher maître !

LE MARQUIS.

A merveille, morbleu !

Les voilà l'un et l'autre embrasés d'un beau feu.

DASSOUCY.

Nons ne nous quitterons plus jamais.

PIERROTIN.

Je le jure,

Et me charge de faire oublier mon injure.

LE MARQUIS.

Fanchette, abandonnons ici ces deux amis ;

Nous pouvons les quitter, leurs cœurs sont raffermis.

Viens-tu, Fanchette ?

DASSOUCY.

Non... laissez-la, je vous prie.

LE MARQUIS.

Votre femme est utile à votre causerie ?

(Il sort sur un geste affirmatif de Dassoucy.)

SCENE VIII

DASSOUCY, PIERROTIN, FANCHETTE.

DASSOUCY.

Jetons un voile épais sur ce qui s'est passé.

Au surplus, je me suis conduit en insensé,

Meâ culpâ,... j'aimais mademoiselle. Au diable,

Les grands mots de l'amour, ce menteur effroyable !

Pierrotin, mon enfant, je dois veiller sur toi :

Ton cœur est attaqué, j'ai vu son désarroi,

Le moment est venu d'apporter le remède.

Voici ta fiancée, ami, je te la cède.

PIERROTIN.

Vous l'aimez plus que moi, vous devez l'épouser.

DASSOUCY.

Quand j'ai dit : Je le veux ! tu ne peux refuser.

PIERROTIN.
Pour qui me prenez-vous ?

DASSOUCY.

Ta désobéissance

Est un nouvel échec à la reconnaissance.

PIERROTIN.

Je n'épouserai pas, maître, plutôt la mort.

DASSOUCY.

Brisons là, Pierrotin, le scrupule te mord.

A quoi bon résister, c'est toi qu'elle préfère,

Et les ris de l'amour ne sont plus de ma sphère.

FANCHETTE, furieuse.

Je vous cède la place et m'en vais au château.

Vous m'adjugez ainsi qu'une part de gâteau;

Pourtant, avouez-le, j'ai ma voix au chapitre

Et je veux, s'il vous plaît, garder mon libre arbitre.

DASSOUCY.

Un peu de patience...

FANCHETTE.

Il en faut.

DASSOUCY.

Mon seul but

Est de vous rendre heureuse, ainsi...

PIERROTIN.

Par Belzébuth !

Épousez Dassoucy, vous en serez ravie ;

C'est là qu'est le bonheur de toute votre vie.

9.

DASSOUCY

Epousez Pierrotin, il est jeune. il est beau,

Moi, dans peu, je serai couché dans un tombeau.

Je tousse énormément, voyez-vous... (Il tousse.) La poitrine !

PIERROTIN.

Pour moi, je vous ferai l'aveu qui me chagrine,

Car jouer une femme est d'un imp rtinent :

Je suis un phénomène étrange et surprenant,

Pas tout à fait un monstre et presque une chimère.

Là, sous mon vêtement, j'en accuse ma mère,

En plein milieu du dos, et très visible à l'œil,

On peut voir s'étaler une peau de chevreuil.

FANCHETTE.

Mon Dieu !

PIERROTIN, gracieux.

Par conséquent, je serais malhonnête,

Si je voulais encor présenter ma requête.

Oubliez Pierrotin et sa difformité.

DASSOUCY, gracieux.

Il vous faut un mari superbe de santé,

Hélas ! je suis atteint d'un mal originaire ;

Laissez donc végéter Dassoucy poitrinaire.

FANCHETTE, avec colère.

Est-ce bientôt fini, Messieurs?

DASSOUCY, bas, à Pierrotin.

Tu n'en veux plus?

PIERROTIN, bas.

Non, et vous?

DASSOUCY, bas.

Encor moins; et de là je conclus :

(Haut). Décidant qu'il serait contraire à la nature

D'allier, au moyen d'une triste imposture,

Nous, les déshérités, à vous, ange d'azur,

Suivons, en vous quittant, le chemin le plus pur.

DASSOUCY ET PIERROTIN, saluant jusqu'à terre.

Alors...

FANCHETTE.

C'est bien ! je vous promets de mes nouvelles.

(Elle sort.)

SCÈNE IX

DASSOUCY, PIERROTIN.

DASSOUCY, riant.

Le bon tour !

PIERROTIN.

Nous avons deux puissantes cervelles.

DASSOUCY.

La coquette est battue.

PIERROTIN.

Elle en est pour ses frais.'

DASSOUCY.

Oui, duper qui nous trompe est un jeu plein d'attraits.

PIERROTIN.

C'est égal, on est bien ici, mais pas très libre,

Maître, et notre passé soutiendrait l'équilibre.

Rappelez-vous !... Hélas !... Gai comme un séraphin,

Je buvais à ma soif et mangeais à ma faim.

Nous n'étions pas soumis aux lois de l'étiquette.

DASSOUCY.

Méprisant les vieux vins, j'aimais mieux ma piquette

Et mon frugal dîner que leurs plats succulents.

PIERROTIN.

Au temps jadis, les jours nous paraissaient moins lents.

DASSOUCY.

Quel plaisir de partir au lever de l'aurore,

Quand le dieu du matin semble dormir encore !

On va les bras pendants, on a des souliers plats ;

On poursuit son chemin sans crainte d'être las.

L'air gonfle les poumons, la campagne est riante,

Sur un clocher voisin le regard s'oriente,

Et comme un philosophe, on parcourt son jardin.

Quel plaisir de marcher, orgueilleux paladin,

Sur le velours herbu d'un tapis de verdure,

De voir le ruisselet qui rit sur la bordure,

De fouler à ses pieds, sans même s'émouvoir,

Les pas que les esprits, dansant en rond, le soir,

A la brume, ont empreint sur l'émail de prairies !

PIERROTIN.

Quel plaisir de pouvoir suivre ses rêveries !

De pouvoir s'arrêter, en faisant les yeux doux,

Devant un cabaret, qui surgit contre vous,

Au lieu d'être tiré, comme un chat par la queue,

Derrière un grand seigneur que l'on craint d'une lieue.

DASSOUCY.

Pendant le chaud du jour, sous des rameaux touffus,

Le long d'une rivière au murmure confus,

Étendu sur des foins, on voit couler les ondes

Et nager les poissons en troupes vagabondes,

Puis, sans avoir besoin de frapper aux châteaux,

On s'endort, enivré par le chant des oiseaux.

PIERROTIN.

L'appétit, qui se mêle aussi de poésie,

Donne à chaque morceau le goût de l'ambroisie.

DASSOUCY ET PIERROTIN.

Partons.

PIERROTIN.

Sans dire adieu?

DASSOUCY.

Sans rien dire, à l'instant.

PIERROTIN.

Vivat !

DASSOUCY.

Par où sortir? C'est le point important.

PIERROTIN.

Je connais une porte ; elle est toujours ouverte.

DASSOUCY.

Au bagage !

PIERROTIN.

Je vole et je reviens.

DASSOUCY

Alerte !

SCÈNE X

DASSOUCY, seul.

La femme de mon choix ne m'aime pas beaucoup...

Celle dont je fais fi veut se pendre à mon cou.

Haï par l'une, aimé par l'autre.... c'est lugubre.

Ma foi, je pars, trouvant l'air ici peu salubre.

SCÈNE XI

DASSOUCY, LA MARQUISE.

(Celle-ci arrive par la droite.)

LA MARQUISE.

Ah ! Dassoucy... Très bien. Je vous cherchais, mon cher.

DASSOUCY, à part.

Diable ! (Haut.) C'est un honneur dont vous me voyez fier.

LA MARQUISE.

Songiez-vous, par hasard, à votre épithalame ?

Attendiez-vous quelqu'un ?... Pierrotin ?

DASSOUCY, vivement.

Non, Madame...

LA MARQUISE.

Non ? — A qui pensiez-vous ?

DASSOUCY.

A vous.

LA MARQUISE.

A moi ?... Vraiment ?

DASSOUCY, à part.

Et Pierrotin qui va venir dans un moment !

LA MARQUISE.

Donc, vous pensiez à moi,...c'est parfait ! mais Fanchette...

DASSOUCY.

Je la méprise.

LA MARQUISE, incrédule.

Bast !

DASSOUCY, confidentiel.

Je soupire en cachette...

Tenez !... laissez-moi seul... Retournez au château.

LA MARQUISE.

Et pourquoi ?

DASSOUCY.

Vous tremblez, Madame, sans manteau ;

Je crains pour vous la brise et les fraîcheurs glacées.

(A part.) Sois lent, bon Pierrotin, écoute mes pensées.

LA MARQUISE.

Çà, m'expliquerez-vous votre air, vos yeux hagards ?

Et ce que, dans la nuit, observent vos regards ?

DASSOUCY, affolé.

J'écoutais murmurer du bois la houle verte ;

J'avais cru voir quelqu'un sous la futaie ouverte...

Je vous aime.

LA MARQUISE.

Tout doux, mon cher monsieur,... tout doux.

DASSOUCY.

Je vous adore, mais par grâce, éloignez-vous.

LA MARQUISE.

Voyons, plaisantez-vous, ou vous suis-je importune ?

(Sur un geste de Dassoucy.)

Alors, mon cher, cessez d'aboyer à la lune,

Car vraiment, Dassoucy, vous êtes peu galant.

DASSOUCY.

Chut !... N'entendez-vous rien ?

LA MARQUISE, se retournant.

Le marquis !

DASSOUCY.

Tout tremblant

10

Et penaud, je sentais qu'il ne tarderait guère.

(La marquise va au devant du marquis. Celui-ci apparaît sur la terrasse,
suivi de Fanchette et de serviteurs portant des torches et des bâtons.)

LA MARQUISE.

Hé donc, marquis, pourquoi cet attirail de guerre ?

SCÈNE XII

LES PRÉCÉDENTS, LE MARQUIS, FANCHETTE, SERVITEURS, puis PIERROTIN.

DASSOUCY, apercevant le marquis.

Ouf !... Nuit, que ton linceul m'ouvre sa profondeur !

(Il se réfugie à l'ombre de la terrasse.)

FANCHETTE, au marquis.

On s'est moqué de moi sans la moindre pudeur.

LE MARQUIS.

Ma canne, si bientôt elle trouve ces drôles,

Les rendra plus polis aux frais de leurs épaules.

(Entre Pierrotin conduisant l'âne par la bride.)

DASSOUCY, très haut et allant se camper devant le marquis.

Me voici, je pars.

LE MARQUIS.

Hein ?... vous partez ?

DASSOUCY.

                              Nous partons.

LE MARQUIS.

Soit ! (A ses gens.) Pour cet insolent préparez vos bâtons.

DASSOUCY, fièrement.

Monseigneur, je vous rends grâce, la tête haute,

De l'accueil généreux et grand fait à votre hôte.

Viens, mon cher Pierrotin, approche sans frayeur,

Et disons hardiment qu'un horizon meilleur.

Éclatant, hasardeux et riche de surprises,

Sous le libre soleil borne les routes grises.

LA MARQUISE.

Ah ça, mes chers amis, pourquoi nous quittez-vous ?

Vos réveils étaient bons, vos jours calmes et doux ;

N'étiez-vous pas heureux ici, la table mise,

Pouvant, chaque matin, dormir à votre guise ?

DASSOUCY.

Oui, mais n'entravez point notre prochain départ.

LE MARQUIS.

Bédiable ! savez-vous qu'il se fait déjà tard.

Et que vous retenir serait vraiment dommage ?

LA MARQUISE.

Vous êtes trop joyeux pour qu'on vous mette en cage :
Soyez libres.

LE MARQUIS.

Bas à Fanchette tandis que Dassoucy cause avec la marquise.)

Eh bien ?

FANCHETTE.

Ayez beaucoup d'espoir :
Je renonce à l'hymen à partir de ce soir.

DASSOUCY, à la marquise, en lui baisant la main.

Prenez garde à Fanchette.

LA MARQUISE.

Oui, fort contrariée,
Au couvent elle ira sans être mariée.

PIERROTIN.

Liberté, nous avons su te reconquérir.

DASSOUCY, s'agenouillant devant l'âne.

Pierrotin, celui-là, nous pourrons le chérir.

Juin 1870.

FIN